MÉMOIRE

Sur l'inondation de la Seine à Paris, au mois de décembre 1740, comparée aux inondations précédentes ; Avec des remarques sur l'élévation du Sol de cette ville.

Par M. BONAMY.

Assemblée publique du 14 Novemb. 1741.

L'INONDATION de l'année 1740 est arrivée dans des circonstances, qui n'en conserveront que trop le souvenir à la postérité. La rigueur de l'hiver de l'année 1739 avoit occasionné la disette des grains, par la médiocrité de la récolte que l'on en avoit faite, dans la plufpart des provinces du royaume : & les premiers Magistrats, préposés pour veiller au bonheur & à la conservation de ce nombre immense d'hommes qui habitent la ville de Paris, appréhendèrent les suites fâcheuses de cette disette. Le zèle dont ils sont animés, les porta à chercher les moyens que l'on pouvoit prendre pour empêcher qu'il ne se fît une consommation inutile des grains. Dès le 22 septembre 1740, le Parlement rendit un arrêt qui réduisoit à deux espèces, tout le pain qui se débitoit dans les marchés & dans les boutiques des Boulangers ; & qui défendoit en même temps aux Brasseurs, de fabriquer de la bière pendant un an, & aux Amidonniers & Tanneurs, d'employer des orges, ou autres grains, soit pour la fabrique de l'amidon, soit pour la préparation des cuirs.

Le Roi, par une sage précaution, fit venir des bleds, tant des pays étrangers, que des provinces du royaume qui avoient été les moins maltraitées : & cette prévoyance, au milieu de la misère où la cherté du pain réduisoit les pauvres, fut une ressource utile & même nécessaire pour les habitans de Paris ; car c'est aux magasins que l'on y avoit faits, qu'on est redevable de n'avoir pas manqué totalement de pain : l'inondation

Qqqq ij

ayant duré plus de six semaines, la crûe des eaux n'auroit pas permis pour lors de faire venir aucunes provisions par la rivière.

Les vents qui avoient soufflé constamment de la partie du sud ou de l'ouest pendant près de six semaines, depuis la fin du mois d'octobre jusqu'au mois de décembre, avoient causé dans l'air une température qui avoit occasionné la fonte des neiges; elles étoient tombées en grande quantité, dès le commencement du mois d'octobre, dans les pays traversés par la Seine & par les autres rivières qui s'y déchargent: c'est à ces fontes & aux pluies fréquentes, qu'il faut attribuer l'inondation que nous avons vûe.

Voy. la Table qui est à la fin de ce Mém.

La Seine commença à croître considérablement à Paris le 7 décembre 1740: la hauteur de l'eau étoit de 13 pieds 8 pouces; elle diminua quelques jours après: mais le 14, elle étoit à 18 pieds 8 pouces, de sorte qu'elle entroit dans la place de Grève, jusqu'au milieu de l'arcade de l'Hôtel-de-ville. Les eaux qui étoient entrées par les fossés du bastion de l'Arsenal, s'étendoient au delà du Pont-aux-choux. Les jours suivans, la rivière demeura à peu près dans le même état jusqu'au 20, qu'elle s'étoit retirée de la Grève, & ne venoit plus que jusqu'au parapet où est la Croix: elle étoit alors à la hauteur de 17 pieds 10 pouces: mais quoique le vent eût tourné au nord, & que la gelée eût été assez forte pendant trois jours, depuis le 23 jusqu'au 25, jour de Noël, la hauteur de l'eau, qui n'étoit le 22 décembre, qu'à 19 pieds un pouce, crut le jour de Noël au matin, jusqu'à 24 pieds; & le lendemain, elle augmenta encore de 4 pouces, & ne monta pas davantage.

Dès la veille de Noël, les eaux, qui étoient à 22 pieds 8 pouces, s'étoient répandues dans les marais du fauxbourg Saint-Antoine, situés du côté de la rivière, & étoient entrées par les rues Traversière & de Saint-Nicolas, dans la grande rue du fauxbourg, où l'on alloit en bateau depuis la fontaine Trogneux, jusqu'au delà de la rue Sainte-Marguerite. L'hôtel des Mousquetaires en fut environné: mais comme les bâtimens qui le composent, sont fort élevés au dessus des marais qui l'entourent, ils furent préservés de l'inondation. Il n'en fut pas de même du Couvent des Religieuses Angloises de la Conception, situé auprès, dans la rue de Charenton : les eaux entrèrent dans la cour où est leur église ; & renversèrent les murs de leur jardin, du côté de la rivière. Elles s'étendirent depuis ce Couvent, dans toute la longueur de la rue de Charenton, jusqu'aux murs du jardin de l'abbaye de Saint Antoine.

Le jour de Noël au matin, toute l'île Louviers fut couverte, à l'exception d'une petite partie plus élevée que le reste de l'île, qui est environ à 30 toises du Corps-de-garde bâti auprès du pont de Grammont. Mais comme depuis cet endroit, jusqu'à la pointe de l'île du côté de l'estacade, il y a près de 12 pieds de pente ; les eaux couvrirent, à une hauteur proportionnelle, tout cet espace. J'ai vû une pile de bois, éloignée de 23 toises de l'estacade, où l'eau avoit monté à la hauteur de 8 pieds ; ce qu'on remarquoit à des pailles que l'eau avoit entraînées, & qui s'étoient arrêtées à cette pile : aussi, passoit-on en bateau par-dessus l'estacade. Du côté du pont de Grammont, il n'y avoit pas un demi-pied d'eau sur le terrein de l'île ; & il s'en est même fallu 3 ou 4 pouces, que la plus haute arche de ce pont n'ait été bouchée. Le bois des chantiers de l'île, que les eaux entraînèrent, s'y arrêta ; la Ville le fit retirer à ses dépens, & le fit mettre sur le Pont, pour lui donner plus de charge, & l'empêcher d'être aussi emporté.

Il n'y avoit pas plus d'un pied d'eau sur le terrein qui est devant la porte de l'Arsenal. Le quai des Célestins en étoit couvert dans toute sa longueur jusqu'à la rue Saint-Paul, où l'eau entroit jusqu'à la rue des Lions.

Au delà du pont-Marie, les eaux, depuis la place aux Veaux, remplissoient la rue de la Mortellerie, en deçà de la rue Géoffroi-l'asnier, jusqu'à la place de Grève, qui en fut toute couverte. Elles entroient par la rue du Mouton jusqu'au ruisseau de la rue de la Tisséranderie ; & de l'autre côté, s'avançoient jusqu'à la moitié des rues Jean-de-Lespine, de la Vannerie, de la Tannerie, enfin jusqu'à l'entrée du quai Pelletier, où la boutique qui en fait le coin, étoit remplie d'eau. Il y en avoit plus de 8 pieds au bout de la rue de la Mortellerie; & l'eau passoit par-dessus le mur du parapet où est la Croix.

Auprès du grand Châtelet, la rivière débordoit sur le pavé du quai de la Mégisserie, vis-à-vis la rue de la Saulnerie, où elle entroit encore par l'égoût qui y est; & la partie basse de ce même quai, du côté du For-l'Evêque, en étoit remplie, de même que tout l'espace depuis l'ancien réservoir de la Samaritaine, jusqu'au troisième guichet des galleries du Louvre vers le pont-Royal: l'eau remontoit par le premier guichet dans la rue Froid-manteau, jusqu'au delà de la rue de Beauvais; & si l'eau eût encore augmenté d'un pied & demi, elle auroit monté de la place du palais-Royal, jusqu'à la rue Saint-Nicaise; d'où elle seroit descendue le long de la rue Saint-Honoré, pour se joindre à celle qui venoit du côté de l'Assomption, & qui s'étoit étendue jusqu'à l'entrée de la place des Conquêtes.

Quant à la partie de la ville qui est au midi de la rivière, l'inondation noya tout le terrein qui est depuis la Salpêtrière jusqu'à la porte Saint-Bernard: l'eau entra dans le jardin de l'abbaye de Saint-Victor, & il y en eut 4 pieds de haut dans la chapelle basse qui est sous le chevet de l'église; mais elle n'y entra pas par les fenêtres, comme elle avoit fait en 1658. Tout le quai de la porte Saint-Bernard, les marais, la cour & les jardins des Bernardins, la place Maubert, & les rues des environs, furent inondées de même: l'eau s'étendoit jusqu'au bas de la rue de la montagne Sainte-Geneviève, près la porte des Carmes, & le long de la rue Saint-Victor, jusqu'à celle du Bon-puits.

Le quai des Augustins, & même le trottoir du parapet, dans les endroits bas, étoient couverts d'eau, depuis l'entrée du quai du côté du pont Saint-Michel, jusqu'à la rue des grands Augustins: enfin tout le quartier de la Grenouillière, & le palais de Bourbon, se ressentirent aussi des effets de l'inondation.

Un peu au dessous du pont Royal, l'inondation s'étendoit dans le fauxbourg Saint-Germain, où elle traversoit les rues de Bourbon, de Verneuil, de l'Université, & même celle de Saint-Dominique: car l'eau entroit dans l'allée qui conduit au monastère de Belle-Chasse, situé au delà de cette dernière rue.

Le palais de Bourbon en étoit entièrement environné; & l'eau monta jusqu'au cordon du mur de la terrasse qui règne le long de la rivière. Les eaux depuis ce Palais, traversoient encore le bout de la rue Saint-Dominique, & s'approchoient de la demi-lune qui est vis-à-vis la grille de l'Hôtel des Invalides.

Je passe sous silence plusieurs autres lieux où l'on conçoit aisément que les eaux devoient s'étendre; de même que ceux où elles avoient reflué, par l'ouverture des égouts; comme dans la rue de Seine, dans celle du Colombier au fauxbourg Saint-Germain, & dans la rue Saint-André-des-Arcs du côté de la rue Contrescarpe. On verra mieux d'un coup d'œil tout ce détail dans la Carte de M. Buache de l'Académie Royale des Sciences, & premier Géographe de Sa Majesté, chargé par cette Académie de vérifier l'étendue de l'inondation: les soins qu'il a pris pour donner à son travail toute la perfection dont il est susceptible & l'exactitude qu'on lui connoît n'ont rien laissé à désirer sur ce sujet.

Je remarquerai seulement que l'eau avoit reflué depuis la Savonnerie, jusque vis-à-vis la rue des Filles du Calvaire du Marais, à la tête du nouvel égout, qui, avec tant d'autres ouvrages aussi utiles que magnifiques, rappellera toûjours à la postérité, le souvenir des Prévôtés de M. Turgot. L'eau monta même plus d'un pied au dessus des banquettes qui servent de revêtement à cet égout. Ces banquettes ont environ 5 pieds de hauteur; en sorte qu'il y avoit plus de 6 pieds d'eau à la tête de l'égout : & comme l'on compte depuis cet endroit, jusqu'à la surface des plus basses eaux de la rivière auprès de Chaillot, 17 pieds 11 pouces 10 lignes de pente; cela revient aux 24 pieds 4 pouces de la plus grande crûe des eaux, que tout le monde a pû observer à l'échelle graduée du pont de la Tournelle, vers le quai Dauphin: le premier pied y a été marqué à la hauteur des plus basses eaux de l'année 1719.

Telles ont été les limites de l'inondation de 1740, que

j'ai crû néceffaire de conftater, malgré l'ennui que peut caufer un pareil détail.

Il étoit queftion de prévenir les dangers auxquels on alloit être expofé; & l'on ne pouvoit y remédier de trop bonne heure : auffi M. Feydeau de Marville Lieutenant général de Police, & M. Aubery de Vatan Prévôt des Marchands, firent-ils éclater leur zèle & leur follicitude, chacun dans leur diftrict. Il fe tint de fréquentes affemblées au Palais chez M. le premier Préfident, où M. le Procureur Général & les autres Magiftrats, concertoient toutes les mefures qu'il y avoit à prendre, felon l'exigence des cas.

La vie des citoyens fut le premier objet de leur attention. La crainte que la violence des eaux ne causât la ruine de quelques ponts, obligea d'ordonner que les habitans en délogeroient, ainfi que ceux des deux aîles du pont Marie; & comme ces aîles menaçoient ruine, on prit le parti de faire abbattre les dix-huit maifons, qui compofoient celle qui étoit du côté du port Saint-Paul : on y travailla avec tant d'ardeur, qu'elles furent abattues jufqu'au rez-de-chauffée, le 29 janvier 1741.

Malgré les magafins de bled, dépofés dans les différentes Communautés de Paris, on fe vit fur le point de manquer de pain; parce que la hauteur & la rapidité des eaux empêchoient les moulins à eau de tourner, & que les moulins à vent ne pouvoient fuffire à fournir la quantité de farine néceffaire à la nourriture de tant de citoyens. Le péril étoit trop preffant, pour ne pas y apporter un prompt remède. On ne fe rebuta ni des frais, ni de la difficulté des chemins, que les eaux répandues de toutes parts, rendoient prefque impraticables : on fit venir de Rouen & d'autres endroits, des farines en affez grande quantité, pour tranquillifer les efprits, au moins fur les befoins préfens.

Comme tout étoit effentiel dans une fi trifte circonftance, l'attention des Magiftrats pour ménager la farine, alla jufqu'à défendre aux Patiffiers & aux Boulangers de faire des gâteaux des Rois, depuis le 1.er janvier 1741, jufqu'au 15 du même mois.

mois. M. le Procureur général difoit, dans le difpofitif de l'arrêt du Parlement du 31 décembre 1740, que s'étant fait inftruire de la quantité de farine qu'on employoit à faire ces gâteaux, il avoit été furpris d'apprendre qu'en huit ou quinze jours, on employoit cent muids de farine pour les feuls gâteaux des Rois; c'eft pourquoi il requéroit qu'on retranchât cet emploi pour une chofe fi fuperflue & fi inutile, dans un temps où l'inondation de la rivière empêchoit que l'on ne pût tranfporter des bleds & des farines à Paris. On ne pouvoit, en effet, prendre trop de précautions; puifque le 10 février fuivant, il n'étoit encore remonté aucun bateau de Rouen.

Quoique la rivière fût encore à 10 pieds 5 pouces, le 24 janvier, il furvint une gelée fi fubite & fi forte, que la rivière fut couverte de glaçons pendant trois jours; ce qui renouvela les alarmes, & fit appréhender qu'à la fuite d'une fi terrible inondation, la rivière ne fût encore gelée : mais le vent s'étant tourné au fud le 26 après midi, le temps s'adoucit, & les glaçons difparurent, fans avoir caufé aucun dommage à la ville de Paris. Il n'en fut pas de même à Rouen, où ils caufèrent la rupture du pont, & la perte de plufieurs bateaux chargés de bled & d'autres provifions pour Paris : les glaçons ayant coupé le cable auquel étoit attaché un bateau; celui-ci fut emporté, & alla donner contre les autres qui furent coulés à fond. Enfin la Seine ayant encore diminué & augmenté fucceffivement à plufieurs reprifes, jufqu'au *(a)* 13 février; elle rentra dans fon lit, vers *(b)* le 18 du même mois.

Il n'étoit guère poffible qu'une inondation qui avoit duré fi long-temps, ne caufât des dégradations aux ponts, aux quais, & aux maifons fituées fur les bords de la rivière, & au milieu des marais inondés ; auffi y en a-t-il eu de confidérables : mais heureufement il n'eft arrivé aucun de ces funeftes

---

(a) Les 10, 11, 12 & 13 février, la hauteur de l'eau étoit encore de 11 pieds & quelques pouces.

(b) Il y avoit ce jour-là 8 pieds 2 pouces d'eau, comme au 4 décembre 1740. L'eau diminua toûjours depuis le 18 février 1741 : & le premier août de la même année, il n'y avoit dans la rivière que 6 pouces d'eau au deffus des plus baffes eaux.

accidens dont l'hiſtoire de la ville de Paris ne fournit que trop d'exemples. Il y a eu beaucoup de bois des chantiers entraîné, & en particulier des planches, qui s'étant arrêtées au pont de bois qui joint l'île Saint-Louis à la Cité, firent craindre qu'il ne fût emporté: il fut préſervé du danger que l'on appréhendoit, par la précaution que prit le Bureau de la ville de les faire retirer des arches du pont qu'elles bou-choient. Quant aux édifices de l'intérieur de la ville, il n'y en a point eu de renverſés; ſi ce n'eſt un petit bâtiment conſtruit au bout du jardin de l'Archevêché près le pont de l'Hôtel-Dieu, & deux autres maiſons, l'une ſur le quai de l'Horloge, l'autre au fauxbourg Saint-Germain, où il y eut un homme écraſé. Les eaux qui avoient pénétré à travers les terres, avoient miné les fondemens de ces deux maiſons, & cauſé leur ruine.

L'inondation ſoûterraine n'a pas été moins conſidérable que celle qui couvroit le ſol extérieur de la ville. Dès les premiers jours de la grande inondation, les eaux pénétrèrent le terrein qui borde les deux côtés de la rivière; & cela à des diſtances inégales, ſelon la facilité plus ou moins grande qu'elles trouvoient: elles filtrèrent aiſément à travers les terres ſablonneuſes; mais elles ne pûrent pénétrer de même le tuf ou la glaiſe qui ſe rencontroient ſur leur paſſage. L'eau n'inonda les caves, dans la rue Saint-Martin, que juſqu'à l'égliſe de Saint Merry, & que juſqu'à l'Hôpital Sainte-Catherine dans la rue Saint-Denys; au lieu que dans le Marais, les caves étoient remplies par delà les rues Saint-Gilles, du Parc-royal, & des Quatre-fils, derrière l'hôtel de Soubiſe, qui ſont bien plus éloignées de la rivière que Sainte-Catherine & Saint-Merry. Il eſt arrivé la même choſe du côté de la rue Saint-Honoré, dans laquelle, le jour de Noël ou le ſuivant, il n'y a point eu de caves inondées juſqu'à l'égliſe des PP. de l'Oratoire: mais en cet endroit, l'inondation ſoûterraine traverſoit la rue Saint-Honoré, pour aller gagner le cloître Saint-Honoré, le palais Royal, & remonter enſuite derrière Saint-Roch juſqu'au couvent des Capucines. On a auſſi remarqué cette variété du côté de l'Université & du fauxbourg Saint-Germain : il n'y avoit point d'eau dans les caves de la rue Saint-Jacques au delà de Saint-Yves, d'où les eaux ont remonté sous terre derrière l'église des Cordeliers, & plus haut encore, auprès de Saint-Sulpice ; de là elles se rapprochoient de la rivière, pour s'étendre sous le terrein compris entre les rues de Grenelle & de Saint-Dominique, jusqu'à la rue de Bourgogne. Il ne faut pas conclurre de là, que toutes les caves renfermées entre les lieux que j'ai désignés, & la rivière, aient été inondées dès le jour de Noël : il y en a au contraire qui, quoique plus voisines de la rivière, n'ont eu de l'eau que long-temps après celles qui en étoient plus éloignées. La nature différente des terreins, le plus ou le moins de profondeur des caves, sont les principales causes de la diversité que l'on a observée pendant l'inondation, & sur laquelle je ne m'étendrai pas davantage ; parce que je n'entreprends point de donner ici une explication physique des phénomènes qui arrivent en pareils cas. Je me contenterai d'ajoûter qu'il y a eu des caves inondées jusqu'à deux fois ; la première par les eaux de la rivière, & la seconde par celles des caves, qui étant au dessus du niveau de l'inondation, n'avoient pû être remplies que par l'eau, dont les pluies avoient abbreuvé la terre & qui se sont ensuite vuidées dans des caves plus basses. Telles ont été les caves de plusieurs maisons du haut de la rue Montorgueil, & de la rue Saint-Jacques ; ce qui n'est pas étonnant, puisqu'il y a eu aussi de l'eau dans les caves du château du Ménil-montant.

 Cette inondation soûterraine pouvoit avoir des suites fâcheuses, non seulement par rapport aux maisons, dont les eaux auroient miné les fondemens, mais encore par le mauvais air que des eaux croupies produisent ordinairement. C'est ce qui engagea M. le Lieutenant de police à donner une ordonnance pour faire vuider les caves, à peine de 400 liv. d'amende contre ceux qui négligeroient d'obéir, deux jours après la publication. On obéit donc à cette ordonnance, mais l'expérience fit bien-tôt voir qu'on s'étoit trop pressé. Les terres étoient tellement imbibées, que les caves qui furent vuidées se trouvèrent aussi-tôt remplies; de sorte qu'on jugea nécessaire d'attendre un certain temps, pendant lequel plusieurs caves, sur-tout celles qui étoient voisines de la rivière, se vuidèrent d'elles-mêmes; au moyen de quoi on ne fut obligé de faire vuider que celles qui demeurèrent pleines. On enjoignit aussi une visite de toutes les maisons, pour connoître celles dont les fondations auroient été endommagées; les puits mêmes, dont les eaux auroient pû contracter quelque mauvaise qualité, par leur mélange avec celles de l'inondation, qui avoient passé à travers les latrines, méritèrent encore l'attention de ce Magistrat: enfin on ne négligea aucunes des précautions qui pouvoient mettre à l'abri des accidens qui étoient à craindre. On avoit dès le commencement imploré le secours du Ciel, pour obtenir la cessation de ce fléau: le Parlement rendit un arrêt qui ordonna qu'on découvriroit la châsse de Sainte Geneviève, & qu'on feroit des prières publiques. Ce fut en conséquence de cet arrêt, toûjours nécessaire dans de pareilles circonstances, que M. l'Archevêque de Paris donna un Mandement le 30 décembre 1740, par lequel il enjoignoit de faire des prières dans toutes les églises. La châsse de Sainte Geneviève, & celle de Saint Marcel furent découvertes; & les paroisses de Paris, aussi-bien que toutes les Communautés Religieuses, allèrent en procession à Notre-Dame & à Sainte Geneviève.

La plus grande hauteur de l'eau pendant l'inondation de cette année a été, comme je l'ai déjà dit, de 24 pieds 4 pouces; en s'en rapportant à l'échelle qui est au pont de la Tournelle, & qui n'y a été mise qu'en 1719: ainsi je ne sai sur quelle autorité s'est appuyé l'auteur d'un état de comparaison de quatre années, remarquables par les inondations de la Seine à Paris. Cet état *(c)* qui a couru dans le public,

---

(a) On disoit dans cet état, que la Seine étoit montée en ....
- 1651, de 24 pieds 10 pouces
- 1658, de 20   9
- 1711, de 23   3
- 1740, de 24   4

fait l'inondation de 1740, près de 4 pieds plus haute que celle de 1658; ce qui ne s'accorde pas avec l'inscription de cette année-là, qui subsiste encore aujourd'hui dans le cloître des Célestins : & je ferai voir dans la suite que, bien loin que l'inondation de 1658 ait été moindre que celle de 1740, elle a été, au contraire, plus haute de 2 pieds.

Il seroit à souhaiter qu'on mît en plusieurs endroits, des inscriptions semblables à celle des Célestins; elles constateroient la hauteur des inondations, & serviroient avec les deux échelles qui sont au pont Royal & au pont de la Tournelle, de point fixe, & de mesure de comparaison pour l'avenir : elles pourroient être aussi de quelque utilité à ceux qui bâtiroient des maisons ; & les empêcheroient de tomber dans l'inconvénient où s'est trouvé le palais de Bourbon, qui n'a été inondé en 1740, que faute d'avoir fait attention au niveau des eaux dans le temps des inondations. A en juger par ce que nous venons de voir, il semble que si le sol de Paris étoit seulement exhaussé de deux pieds, on y seroit à l'abri des débordemens, dans presque tous les lieux qui ont été inondés en 1740 : j'en excepte ceux, qui étant bas, & voisins du lit de la rivière, seront toûjours nécessairement exposés au ravage des eaux. Aussi voit-on qu'à mesure que le sol s'est élevé, les eaux ne se sont plus répandues dans quantité d'endroits dont les Historiens font mention : car c'est au peu d'élévation du terrein de cette ville au dessus du lit de la rivière, qu'il faut attribuer les inondations des siècles passés, qui nous paroissent si extraordinaires aujourd'hui, & que nous imaginons plus considérables qu'elles n'ont été en effet.

Il ne faut pas juger de la grandeur des inondations, par les débordemens plus ou moins étendus des eaux dans les quartiers de Paris. Le sol de cette ville n'étoit pas, il y a six cens ans, aussi élevé qu'il l'est à présent : & il étoit naturel que les eaux se répandissent alors jusque dans des lieux où nous ne les voyons plus s'étendre aujourd'hui ; sans que pour cela on soit en droit d'en conclurre, que les inondations anciennes fussent plus considérables que celles dont nous avons été les témoins dans ces derniers temps.

On peut juger combien le terrein actuel de Paris est différent de ce qu'il étoit autrefois, par l'inspection des bâtimens qui nous restent des règnes de Charles V & Charles VI : les portes en sont presque enterrées sous le pavé ; & il y a des maisons dans quelques rues, dont les *(d)* anciennes boutiques servent maintenant de caves. Le rez-de-chaussée de celles qui sont renfermées dans Saint-Denys-de-la-Chartre, est à plus de 15 pieds au dessous du pavé de la rue de la Lanterne ; & il devoit être plus bas avant Philippe-Auguste.

<small>Traité de la Police, t. IV, page 257. Sauval, t. I, p. 174.</small> Il existe encore une partie d'une ancienne rue qui est parallèle à celle de la Barillerie devant le Palais, & qui aboutissoit d'un côté à la rue de la Calandre, & de l'autre au marché Neuf. Cette ancienne rue est à 8 pieds au dessous du sol de celle de la Barillerie ; l'eau y est montée en 1740 à la hauteur de 4 pieds, par une ouverture qui communique à la rivière sous le pavé du marché Neuf : ce qui montre que le terrein de la Cité dans cet endroit, est 3 pieds plus bas que celui des maisons renfermées dans Saint-Denys-de-la-Chartre, où l'eau n'est montée tout au plus que d'un pied. Ainsi l'on peut assurer que depuis la troisième Race de nos Rois, le terrein le plus bas de la Cité a été relevé au moins de 8 pieds, & dans d'autres endroits jusqu'à 15 ou 16. C'est ce qui doit rendre croyable ce que quelques-uns de nos Historiens disent de ces treize marches par lesquelles on montoit autrefois du parvis dans l'église de Notre-Dame. Ce n'est au reste que depuis la réconstruction du pont de Notre-Dame, en pierre, sous le règne de Louis XII, qu'on a commencé à relever si extraordinairement le sol de la Cité.

<small>Tome I, p. 97.</small> Sauval cite un arrêt du Parlement de l'an 1507 ; qui ordonne que la rue qui conduit du Petit-Pont au pont Notre-Dame, seroit rehaussée de 10 pieds, afin de la mettre de niveau avec ces deux ponts. Il a fallu par conséquent rehausser aussi tous les édifices qui la bordent des deux côtés : & c'est pour

<small>*(d)* Il y en a dans la rue neuve Notre-Dame, dans la rue des Orfèvres, & dans d'autres rues.</small>

cela qu'une statue de la Magdeleine qui est au portail de l'église qui porte son nom, n'est à présent élevée que d'un pied au dessus du pavé. On fut obligé de faire la même chose à presque toutes les églises de la Cité, pour les mettre au niveau des rues. Celles où l'on n'a fait que peu ou point de changement, sont restées enterrées, comme Sainte-Marine, le Cloître de Saint Denys-du-Pas, la Chapelle de Saint Symphorien, & Saint Denys-de-la-Chartre. Mais quelque basse que cette dernière église nous paroisse aujourd'hui, elle ne nous indique cependant pas encore l'ancien sol de Paris dans cet endroit; il faut le chercher dans cette Chapelle soûterraine, où l'on dit que saint Denys fut mis en prison, & qui n'est qu'un reste de l'ancienne église de Saint Denys-de-la-Chartre : on y descend maintenant par 25 degrés du sol actuel de la nouvelle église.

Le terrein de la Ville & celui de l'Université qui borde la rivière, n'étoient pas plus élevés que celui de la Cité. On a trouvé des restes du pavé de Philippe-Auguste, à 6 pieds sous le pavé de la rue du Petit-Pont, lorsque l'on travailloit en 1740 à la construction d'un Aquéduc sous lequel passe le tuyau qui conduit l'eau des pompes du pont Notre-Dame à la fontaine de Saint-Severin. Cet ancien pavé étoit composé de grandes pierres inégales, épaisses de 8 ou 10 pouces, & longues de 3, 4 ou 5 pieds : Guillaume le Breton en fait mention. Ce pavé est la première époque de l'élévation du terrein de Paris : dans la suite, la construction des ponts de pierre, & le nouveau pavé si souvent relevé, contribuèrent beaucoup à l'exhaussement.

Du Chesne, t. V. p. 75.

Il semble qu'on doive conclurre de là, que le lit de la rivière étoit aussi plus bas qu'il n'est maintenant : car on ne conçoit pas, s'il avoit été au même état où nous le voyons, comment les Parisiens auroient pû demeurer dans la Cité, sans être exposés à être noyés dans le temps des inondations. Il n'est pas en effet difficile de se persuader, que le lit de la Seine s'est élevé, soit à l'occasion de la ruine des maisons construites sur ses bords, soit à cause de la chute des ponts.

Si l'on excepte les ponts de l'Hôtel-Dieu & le pont Neuf, il n'y en a aucun des autres, qui n'aient été renversés en tout, ou en partie; & il y en a plusieurs qui ont été renversés plus d'une fois. Quelque attention que l'on puisse avoir pour nettoyer le lit de la rivière, des décombres qui le remplissent; il n'est guère possible qu'il n'en reste une partie: & ces restes, avec les autres corps solides qui y tombent, & tout ce que les habitans jettent dans l'eau *(e)*, contribuent à arrêter les sables & les terres que la rivière entraîne avec elle, & à élever ainsi successivement son lit. On a vû depuis la dernière inondation, les monceaux de sable que les eaux avoient déposés, non seulement sur les bords de la Seine, & dans les endroits où elles étoient moins rapides; mais encore au milieu de la rivière: ils y ont formé des atterriffemens considérables, comme au pont Saint-Michel, & dans le bras qui est entre l'isle Saint-Louis & le terrein de Notre-Dame: la Ville a été obligée de les faire enlever, parce qu'ils auroient embarrassé le passage des bateaux.

Après ce que je viens de dire sur l'élévation du sol de Paris, on ne doit plus être étonné que les quartiers où nous ne voyons plus que les eaux se répandent dans le temps des inondations, en aient été couverts dans les siècles passés; & c'est pour mieux faire sentir ce que j'ai dit, que je vais parcourir ce que les Historiens nous apprennent des principales de ces inondations.

Hist. lib. VI, cap. 25.

Grégoire de Tours fait mention d'une qui arriva la huitième année du règne de Childebert II, l'an de J. C. 583. Il dit que la Seine & la Marne se débordèrent si extraordinairement, que les eaux remplirent l'espace qui est depuis la Ville jusqu'à l'église de Saint Laurent; en sorte qu'il y arrivoit souvent des naufrages: *Ut inter civitatem & basilicam Sancti Laurentii naufragia sæpè contingerent.* Si Adrien de Valois

---

(e) Raoul de Presles a remarqué que de son temps, le lit de la rivière étoit *tout attery par gravois, fiens, & autres ordures, que l'on y avoit depuis jeté.* Mém. de l'Académie des Belles-Lettres, tome XIII, p. 650.

avoit

avoit fait réflexion à l'exhauſſement arrivé au ſol de Paris; il n'auroit pas crû, que pour rendre le récit de Grégoire de Tours vrai-ſemblable, il falloit ſuppoſer que l'égliſe dont parloit cet Hiſtorien étoit différente de celle qui porte aujourd'hui ce nom, & qu'elle étoit placée auprès du Petit-Pont. Il ne s'agit point ici de prouver qu'il y avoit du temps de Childebert une égliſe de Saint Laurent dans le même lieu où eſt à préſent la paroiſſe de ce nom : il ſuffit de ſuppoſer, ce qui eſt vrai, que tout le terrein couvert de maiſons depuis l'Arſenal juſqu'au port Saint-Paul d'un côté, & depuis ces bords de la rivière juſqu'aux remparts des portes Saint-Denys & Saint-Martin, étoit plus bas que ne le ſont les marais qui environnent les remparts. Ainſi il n'eſt pas extraordinaire que ce terrein ait été inondé : & l'on verra, en effet, que malgré l'exhauſſement arrivé depuis au ſol des rues Saint-Martin & Saint-Denys, les eaux qui s'étoient répandues en 1658 dans les marais de ce côté-là, refluèrent par les portes Saint-Martin & Saint-Denys dans la ville, juſques en deçà de la rue aux Ouës. Je paſſerai ſous ſilence les débordemens qui ſont arrivés juſqu'au règne de Philippe-Auguſte ; parce que les Hiſtoriens ne les ont point détaillés. Je pourrois par la même raiſon me diſpenſer de parler de celui de l'an 1196; quoique ſelon Rigord, il fît craindre un ſecond déluge, & que, pour fléchir la colère du Ciel, le roi Philippe-Auguſte aſſiſtât comme un ſimple particulier, aux proceſſions fréquentes que l'on faiſoit alors à Paris : il fut obligé d'abandonner ſon palais de la Cité, & de ſe réfugier avec ſon fils à l'abbaye de Sainte Geneviève, tandis que l'évêque Maurice de Sully ſe retira à celle de Saint Victor. Heureuſement, cette inondation ne dura pas long-temps ; elle auroit encore augmenté la miſère qui régnoit alors. Les pluies continuelles avoient fait manquer la récolte pendant deux années conſécutives ; de ſorte qu'en 1195, le ſetier de froment, ſelon le même Rigord, ſe vendoit 16 ſols à Paris ; ce qui revient aujourd'hui à 20 livres, le marc d'argent étant cette année-là à 40 ſols : le ſetier d'orge coûtoit 10 ſols ;

Du Cheſne, t. V, p. 39.

Matth. Pariſ. ad an. 1196, p. 128.

Du Cheſne, t. V, ut ſuprà.

celui de méteil 13 ou 14; enfin le fetier de fel, 40 fols.

L'inondation qui arriva dix ans après au mois de décembre 1206, renverfa une grande partie des maifons de la ville, & menaça les autres d'une ruine pareille. Le religieux de Sainte-Geneviève témoin oculaire, qui nous en a laiffé une defcription, dit que ceux qui vivoient alors, n'en avoient ni vû, ni entendu raconter à leurs pères une femblable. On alloit en bateau dans les rues & dans les places publiques: la châffe de Sainte Geneviève fut portée à Notre-Dame, fuivie de tout le peuple, qui ne craignit point de paffer fur le Petit-Pont; quoiqu'on vît tomber le ciment qui en joignoit les pierres, & celles-ci s'ébranler & fe détacher les unes des autres, par l'effet de la violence des eaux: il fut en effet emporté l'après-midi du même jour, après que la proceffion eut repaffé deffus; il y eut trois arches renverfées.

Nova biblioth. Labbai, t. 1, p. 662.

Rigord, dans du Chefne, t. V.

Ce pont étoit fans doute alors moins élevé qu'il n'eft aujourd'hui: la porte du petit Châtelet qui donne de ce côté-là, & qui n'eft que du règne de Charles V, ne nous permet pas d'en douter; les impoftes ne font qu'à environ 3 pieds au deffus du pavé. De plus, l'alignement du pavé de Philippe-Augufte, trouvé à cent pas au delà, à fix pieds fous le fol actuel de la rue du Petit-Pont, demandoit qu'il fût plus bas qu'il n'eft: & je ne fai fi ce n'eft pas encore une preuve que le lit de la rivière dans ce canal, étoit auffi moins élevé qu'il n'eft à préfent. Au refte, il n'étoit alors rétréci, ni par les bâtimens de l'Hôtel-Dieu, ni par les maifons de la rue de la Bucherie: tout ce bord de la rivière étoit ouvert, & fervoit de port où abordoient les marchandifes & fur-tout le bois.

Le Petit-Pont fut rebâti; car c'étoit l'unique qu'il y eût alors fur le petit bras de la rivière: & Guillaume le Breton dit qu'il fut couvert d'eau pendant l'inondation de l'année 1219, au mois de mai: *Pons qui parvus dicitur, aquis inundantibus, fuum viatoribus officium denegabat.* Mais il ne fpécifie point les endroits de la ville où l'eau fe répandit; il fe contente de dire qu'une infinité de maifons furent affiégées par les

Du Chefne, t. V, p. 91 & 92.

eaux, & qu'on ne pouvoit y aller qu'en bateau. Le fol de Paris étoit encore à peu près au même état que fous la feconde race de nos Rois; puifqu'il n'y avoit qu'environ vingt ans qu'on avoit achevé de le paver pour la première fois.

Nous avons un peu plus de détail fur l'inondation de 1280, ou pluftôt 1281, felon notre manière de compter; car c'étoit vers la fête de l'Epiphanie de cette année-là qu'elle arriva. Les eaux environnèrent tellement la ville de Paris, qu'on ne pouvoit y entrer qu'en bateau du côté de Saint-Denys. On fait qu'alors l'enceinte de fes murs ne s'étendoit pas au delà des PP. de l'Oratoire de la rue Saint-Honoré : on y en a trouvé des reftes le long de leur églife, lorfqu'on travailloit en 1740 aux fondemens du portail. Elle traverfoit la rue Saint-Denys, entre la rue du petit-Lion & la rue Mauconfeil, d'où elle venoit aboutir dans la rue Saint-Martin, au coin de la rue Garnier-de-Saint-Lazare, qui étoit hors des murs : enfin, après avoir paffé fur le terrein où eft maintenant bâtie l'églife des Blancs-manteaux, elle côtoyoit la rue des Francs-bourgeois, & tournoit vis-à-vis l'églife du Prieuré de Sainte Catherine, la rue de la Couture de ce nom étant hors l'enceinte, pour paffer fur l'emplacement qu'occupe l'églife des Jéfuites de la rue Saint-Antoine; d'où cette enceinte venoit fe terminer à la tour de Barbeau fur le bord de la rivière, vis-à-vis la maifon des Béguines, occupée depuis par les religieufes de l'*Ave Maria*. L'eau avoit pris fon cours depuis la tour de Barbeau, jufqu'au delà du terrein de l'Arfenal, & s'étoit répandue dans les *cultures* de Sainte Catherine, de Saint Gervais, du Temple, de Saint Martin, des Filles-Dieu, & dans tout le refte du terrein qui environnoit les murs de Philippe-Augufte. Il s'en falloit bien que le fol du fauxbourg Saint-Antoine fût auffi élevé qu'il l'eft; & les environs de Saint-Paul ne l'étoient pas davantage. Je ne m'arrêterai point, pour le prouver, à indiquer quelques portes d'anciens bâtimens de ce quartier, depuis le haut de la rue Saint-Antoine jufqu'à Saint-Paul; telles font les portes de l'ancien Hôtel de l'abbaye de Tyron, qui font à moitié enterrées : il me fuffira de faire

Nangis, dans du Chefne, t. V, p. 538.

remarquer que la rue de la culture Sainte-Catherine, qui étoit hors l'enceinte, a été exhauffée au moins de 5 pieds, depuis le règne de Henri III. C'eſt ce qu'il eſt aiſé de vérifier par le cloître de ce Prieuré, & par une chapelle de cette égliſe, où eſt le Mauſolée du chancelier de Birague. Ils ſont à 5 pieds au deſſous du ſol actuel de la rue & de l'égliſe de Sainte Catherine : avant ce temps-là, l'une & l'autre étoient auſſi baſſes que le ſont maintenant la chapelle & le cloître.

Doublet, hiſt. de Saint-Denys, p. 852.

Quoique dès le règne de Louis le Gros, il y eût des levées de terre ou chauſſées dans l'alignement des rues Saint-Martin & Saint-Denys, pour aller gagner les hauteurs des égliſes de Saint Laurent & de Saint Lazare ; elles n'étoient pas aſſez hautes pour arrêter les eaux, & les empêcher d'inonder tous les environs de Paris : outre qu'il y avoit dès-lors deux ponts ſous ces chauſſées, dans les mêmes endroits où ſont ceux du grand égoût, par où les eaux qui venoient du quartier Saint-Paul pouvoient ſe joindre à celles qui refluoient du côté du Louvre. Le terrein ſur lequel ce château étoit conſtruit, n'étoit pas auſſi exhauſſé qu'il l'eſt ; & celui de la rue Saint-Honoré étoit en 1281, au moins de 4 pieds plus bas qu'il n'eſt aujourd'hui ; comme il paroît par l'égliſe des Quinze-vingts, où l'on deſcend par ſept degrés. Si cette rue avoit eu 4 pieds de moins d'élévation en 1740, nous aurions vû les eaux qui refluèrent du côté des Tuileries, juſqu'à la place des Conquêtes, ſe joindre facilement à celles qui remontoient par la rue Froidmanteau, vers le palais Royal.

Du Cheſne, t. V, p. 538.

Guillaume de Nangis dit que de l'autre côté de la rivière, les eaux rempliſſoient toute la place Maubert ; où l'on alloit en bateau juſqu'à une croix appelée la *Croix Hémond*, qui étoit alors au bas de la rue de la montagne Sainte-Geneviève : *Ex aliâ parte infra muros uſque ad crucem Hemondi, per totam (f) plateam Maberti vaſa navalia diſcurrebant*. Les deux

---

(f) Le nom de la place Maubert ne lui vient point par abréviation de celui de M.e Aubert ou Albert le Grand, comme le veulent quelques-uns de nos hiſtoriens, qui diſent que l'affluence des écoliers qui deſiroient

ponts de Paris, le grand & le petit, furent renversés; ils étoient bâtis de pierre & couverts de maisons. Le premier en avoit dès le temps des Rois de la première race : pour le second, on n'y en construisit qu'après l'an 1206; & Joinville nous apprend qu'il étoit occupé par de riches Marchands sous le règne de Saint Louis.

Ils furent encore rebâtis de pierre & couverts de maisons, après l'inondation de 1281 ; mais ils ne demeurèrent sur pied que quelques années : car quinze ans après, c'est-à-dire en 1296, la rivière se déborda la veille de Saint Thomas, au mois de décembre, d'une manière si terrible, qu'on pourroit regarder cette inondation comme la plus extraordinaire qui fût arrivée, à en juger par ce qu'en rapporte Guillaume de Nangis. Non seulement les dehors de Paris furent inondés comme en 1281 ; mais tout l'intérieur de la partie qu'on nomme la Ville, fut entièrement couvert d'eau, à la réserve de quelques rues plus élevées que les autres : aussi le même auteur ajoûte qu'aucun âge ne se souvenoit d'en avoir vû une pareille, & qu'on n'en lisoit aucun exemple dans les historiens. Les deux ponts chargés de maisons, ne purent tenir contre la violence des eaux : ils furent emportés; & le petit Châtelet, quoique dès-lors bâti solidement, fut aussi entièrement renversé. On fut obligé pendant huit jours de porter dans des bateaux des vivres aux habitans. *Hist. Eccl. Parisiens. t. II, p. 519.*

Le côté de l'Université ne pouvoit manquer de ressentir aussi une partie des maux que causa cette inondation : mais nous n'en savons aucun détail. On peut seulement juger de la hauteur des eaux dans le quartier de la place Maubert en 1296, par ce que nous y en avons vû en 1740; sur-tout si

l'entendre, l'obligea d'y donner ses leçons. Cette place se nommoit ainsi avant qu'Albert le Grand vînt à Paris; comme il paroît par un titre du Cartulaire de Sainte Geneviève, de l'an 1225, au sujet d'un procès que les Chanoines de cette Abbaye eurent avec un Bourgeois de Paris, nommé *Philippus de Riis.* Ce Bourgeois avoit rétréci dans le clos Mauvoisin, une rue qui venoit de la place Maubert à la rivière : *Viam publicam arctavit ante domum suam in clauso Malivicini; quæ via descendit à plateâ, quæ vocatur platea Mauberti, directè versus Sequanam.* Page 249, du Cartulaire mss.

on fait réflexion que tout le terrein compris entre la rue Saint-Victor & la rivière, depuis la porte Saint-Bernard jusqu'au Petit-Pont, a été relevé au moins de 6 pieds : c'est de quoi l'on peut se convaincre, non seulement par le pavé de Philippe-Auguste, mais encore par le bâtiment de l'église de Saint Julien-le-Pauvre, dont les colonnes sont à moitié enterrées ; & par ceux du couvent des Bernardins, où le haut du cintre de quelques anciennes portes est presque au rez de chauffée : aussi leur église a-t-elle été relevée de 5 pieds, depuis 1709.

Il y avoit encore une chose qui contribuoit à rendre ce quartier incommode dans le temps des inondations ; c'étoit le canal de la rivière de Bièvre, qui se déchargeoit dans la Seine, auprès des grands degrés de la place Maubert. Les eaux y refluoient, & inondoient tout ce terrein bas de l'Université. Au reste, je remarquerai ici en passant, que ce canal n'avoit été creusé que sous le règne de Louis le Jeune, comme je l'ai fait voir dans un Mémoire imprimé page 267 du XIV.ᵉ volume des Mémoires de l'Académie. Ainsi le Commissaire de la Mare, & tous ceux qui l'ont suivi, se sont trompés, lorsqu'ils font couler la rivière de Bièvre, sur le terrein de la place Maubert, dès le temps de Jules César : c'est un anachronisme de douze cens ans.

Quant au terrein du quai des Augustins, il ne devoit être guère plus élevé que celui de la place Maubert : le cloître de ces Religieux nous indique à peu près quelle étoit sa hauteur en 1296. C'étoit encore alors une saussaie, qui servoit de promenade aux Parisiens : & l'on voit par des lettres menaçantes de Philippe le Bel, de l'an 1313, adressées au Prevôt des Marchands, que tous les bords de la Seine, le long de ce quai jusqu'à l'hôtel de Nesle, qui étoit construit sur l'emplacement où est aujourd'hui l'hôtel de Conti, avoient été emportés par les inondations précédentes ; & que les maisons bâties sur ce terrein étoient en danger de tomber. Le Roi se plaint que quoiqu'il eût donné plusieurs fois ses ordres au Prevôt des Marchands pour la construction d'un quai, il

Félibien, t. 1, p. 113.

avoit toûjours négligé d'y faire travailler; il lui réitère le même commandement, & le menace de le punir rigoureusement, s'il diffère davantage d'obéir, à quoi il saura bien le contraindre : *Nihilominùs ad illud faciendum compelli viriliter faciemus.* Il ne faut point douter qu'après des ordres si précis, le Bureau de la ville ne fît enfin travailler à la construction du quai.

Comme les eaux de la rivière, dans le temps des débordemens, prenoient toûjours leur cours du côté des Célestins, au delà de la porte des Béguines, ou des Barrés, les Carmes qui demeuroient depuis le règne de S.t Louis, dans le lieu où sont les Célestins, en étoient fort incommodés. Si le terrein de la Ville avoit été couvert par l'inondation de 1296, leur maison dut pour lors être presque ensevelie sous les eaux. On en peut juger par ce qui est arrivé en 1658, & même en 1740, aux Célestins; quoique le sol où est bâti leur couvent soit élevé de plus de six pieds au dessus de celui que les Carmes habitoient. Aussi lorsque ces derniers prirent le parti en 1309, de quitter leur monastère, pour venir s'établir à la place Maubert, ils représentèrent à Philippe le Bel, que depuis plusieurs années, ils avoient été submergés par les inondations, & obligés de se refugier dans leurs greniers & dans les autres lieux élevés de leur maison, où ils seroient morts de faim, sans les vivres qu'on leur apportoit dans des bateaux; & que leurs bâtimens construits peu solidement, ne pouvant résister à l'impétuosité des eaux, leur faisoient craindre les nouvelles inondations qui pouvoient survenir.

Félibien, pièces justificat. tom. I, p. 217.

Les changemens qui se firent dans ce quartier, sous le règne de Charles V, le mirent à couvert des inondations ordinaires. Le terrein s'étoit exhaussé insensiblement : on avoit relevé la chaussée de la rue Saint-Antoine, depuis la rue Saint-Paul jusqu'à la Bastille. Sous le règne de Charles VI, elle le fut encore; après que l'on eut supprimé l'égoût du pont-Perrin, qui traversoit la rue Saint-Antoine dans sa longueur, pour le faire passer sur le terrein vague, où est maintenant la rue Saint-Louis du Marais. Les deux côtés de la rue Saint-Antoine, & tout

Sauval, t. I, p. 251.

l'espace compris entre cette rue, l'Arsenal, la rivière & la rue Saint-Paul, avoient été couverts de bâtimens, & sur-tout de ceux du spacieux hôtel de Saint-Paul, la demeure de nos Rois, dont la principale porte étoit sur le quai des Célestins. Outre cela, on construisit un mur épais le long de la rivière, avec des tours de distance en distance; depuis la tour de Billy, bâtie derrière les Célestins, jusqu'à la tour de Barbeel ou de Barbeau, au bas du port Saint-Paul. On creusa de larges & profonds fossés dans tout le circuit de l'enceinte de Charles V; depuis la tour de Billy jusqu'à la tour du Bois, au bas de la rue Saint-Nicaise, au dessous du Louvre. Tous ces changemens empêchèrent les eaux de se répandre par les Célestins, dans le quartier du Marais, pendant les inondations ordinaires: je dis les inondations ordinaires; car dans les débordemens plus considérables, il s'en falloit bien que le terrein renfermé dans l'enceinte de Charles V, fût assez élevé, pour que les maisons fussent à l'abri des grandes inondations: & il faut mettre de ce nombre, celle de 1373, dans laquelle, à ce que dit Corrozet, « le fleuve de Seine crut & se déborda » en telle manière démesurée, que par l'espace de deux mois, » on alloit à Paris par bateaux en la rue Saint-Denys; & de » la rue Saint-Antoine jusques à Saint-Antoine des champs; & de la porte Saint-Honoré jusqu'au port de Neuilly ». La porte Saint-Honoré étoit alors auprès des Quinze-vingts.

Fol. v.° 125, éd. de 1586.

Parmi les misères qui affligèrent le royaume, & en particulier la ville capitale, sous le long & malheureux règne de Charles VI, celles qu'y causèrent les débordemens fréquens de la Seine, ne furent pas les moindres. Je ne parlerai point de ceux des années 1394, 1395 & 1404, dont les historiens ne nous fournissent aucunes particularités. Mais nous avons le détail de celui du mois de janvier 1408, que l'on ne comptoit encore alors que 1407: & je ne puis mieux faire, pour en donner une juste idée, que de transcrire ce qu'en disent les registres du Parlement. Il faut se souvenir auparavant, qu'il n'y avoit point alors de pont, où est maintenant le pont Notre-Dame: celui qui y étoit autrefois, & dont

Vie de Charles VI, par le Moine de Saint Denys, t. I, pp. 283 & 483.

DE LITTERATURE. 697

dont parle Raoul de Presles, qui l'appelle un pont de *fuft* ou de bois, avoit sans doute été emporté dans quelqu'une des inondations précédentes. Voici donc ce qu'on lit dans les registres du Parlement.

<small>Remarques sur la cité de Dieu, de S. Aug. ms. de la Biblioth. de S. Victor, cotté 419, fol. 32.</small>

« Du mardy dernier jour de janvier 1407. Ce jour ne « vindrent point les Seigneurs de céans au Palais, ne Avocats, « ne Procureurs, ne parties, fors en petit nombre; pour le grand « péril que chacun voit, pour cause des grandes & horribles « glaces, qui dès hier au soir commencèrent à descendre par « les ponts de Paris, & par espécial par les petits ponts..... « car..... puis la Saint-Martin dernière passée, a été telle « froidure..... que nul ne povoit besogner : le Greffier même, « combien qu'il eût prins seu de lez lui en une pelette pour « garder l'encre de son cornet de geler; toutes voyes l'encre « se geloit en sa plume, de deux ou trois mots en trois mots, « & tant que enregistrer ne povoit. Par icelles gelées ont été « gelées les rivières, & en spécial Seine; tellement, que l'en « cheminoit, & venoit & alloit l'en, & menoit voitures par- « dessus la glace..... Tant que à Paris avoit grande nécessité, « tant de bois que de pain, pour les moulins gelez, se n'eust « été les farines que l'en y amenoit des pays voisins; & quoique « lesdites gelées, glaces & froidures se fussent amodérées dez « vendredi dernier passé.... & que les glaces se fussent disso- « lues par parties & glaçons, iceux glaçons par leur impétuo- « sité & heurts, ont aujourd'hui rompu & abattu les deux petits « ponts; l'un qui étoit de bois, joignant le petit Châtelet; l'autre « de pierre, appelé le Pont-neuf (c'est le pont Saint-Michel), « qui avoit été fait puis 27 ou 28 ans; & aussi toutes les « maisons qui étoient dessus, qui étoient plusieurs & belles, en « lesquelles habitoient moult de minaigiers de plusieurs états, « marchandises & métiers...... Et nonobstant ladite ruine, « pestilence & péril merveilleux, n'y a eu aucune personne « périllée, Dieu-mercy : car ledit cas est venu, & a été puis « sept ou huit heures du matin jusques à une ou deux heures « après-midi; combien que se n'eussent été les piliers pieça faits « & commencez entre ledit petit Châtelet & l'Hôtel-dieu «

<small>Félibien, hist. de Paris. Pièc. justif. t. II, p. 550.</small>

Tome XVII. . Tttt

» Notre-Dame, qui ont reçû les premiers heurts defdites glaces
» & glaçons, qui par ce ont été débrifez, & leur impétuofité
» amendrie ; vrai-femblablement étoit, & eft que ladite avan-
» ture, cas & peftilence defdits ponts, fût advenue en cette
» nuit dernière, en la deftruction des corps humains qui ne fe
» puffent avoir gardé, ne fuir pour le cas foudain. Outre ce que
» dit eft, ont été rompus & deftruicts les moulins de l'évêque
» de Paris *(g)* qui font deffus le grand pont, & plufieurs autres ;
» & auffi chûrent en la rivière grande partie des changes deffus
» le dit grand pont, qui vrai-femblablement, & felon l'opinion
» de ceux qui fe connoiffent, eût efté abbatu par les glaces,
» fe ne fuft les heurts que rompoient les moulins deffusdicts
» qui font près & au deffus : & auffi que les glaçons font def-
» cendus par ledit pont plus tard de douze heures, que par
» lefdits petits ponts ; pource que les glaces qui defcendoient
» de haut, ne povoient avoir leur cours vers S.t Pol & devers
» la Grève, pource que celle partie étoit encore gelée ».

On peut juger quel fut le regonflement des eaux qu'occa-
fionna la chute des deux ponts du côté de l'Univerfité : auffi
cinq jours après, perfonne n'ofoit fe hafarder de paffer de ce
quartier, dans la Cité. « Pource que, difent les mêmes regiftres,
» les maîtres ou feigneurs Confeillers féans, & demourants
» par-delà les petits ponts, qui étoient environ trente ou plus,
» ne pouvoient venir au Palais, ne en la chambre de Parle-
» ment, fûrement, pour le grand excez de la rivière, qui s'é-
» tendoit en plufieurs rues moult impétueufement ; a été aujour-
» d'hui ordonné, que lefdits Maîtres fe affembleront en leur
» marche, & jugeront procès, jufques à ce que feurement l'en
» puiffe céans venir en baftel ».

Félibien, Pièces juftific. t. II, p. 551.

T. 1, p. 628. Quoique le Moine de S.t Denys qui a auffi décrit cette inondation, ne nous apprenne rien, non plus que les regiftres du Parlement, des lieux où les eaux s'étoient étendues au nord de la

(g) Il y avoit alors au deffus de l'endroit où eft le pont Notre-Dame plufieurs moulins ; & un entre autres conftruit fur pilotis, nommé dans les anciens titres, *Les Chambres maître Hugues*. On y arrivoit par un pont de bois, qui a été détruit, lorfque l'on a conftruit le quai Peletier.

rivière; il n'y a pas lieu de douter que le débordement n'y ait été aussi fort considérable : parce que les décombres des deux ponts renversés dans le petit bras, en bouchoient presque le passage, & contraignoient l'eau de refluer dans le grand bras, où les maisons du pont-au-Change, tombées dans la rivière, & les moulins emportés, barroient quelques arches de ce pont.

L'inondation de 1415, & des années suivantes, prouve ce que j'ai dit ci-devant, que dans les grandes crûes d'eau, où il n'y eut point de ponts renversés, la rivière, au lieu de se décharger dans le quartier Saint-Paul & au delà, se répandit dans les Marais, & les fossés qui entouroient l'enceinte de Charles V. C'est ce que l'on peut voir dans l'auteur du journal de Paris, sous les règnes de Charles VI & Charles VII, au sujet des inondations de 1415, 1421, 1426, 1427 & 1431. Et ce qui est à remarquer, c'est que ces années-là, pendant que les eaux couvroient tous les environs de Paris, on ne voit pas que dans l'intérieur de la ville, elles se soient répandues plus loin que nous ne les avons vûes en 1711 & 1740; c'est-à-dire, que dans la Grève, les eaux alloient jusqu'à la rue de la Vannerie, & au S.t Esprit; dans la cour du Palais, jusqu'à la S.te Chapelle ; dans la place Maubert, jusqu'auprès de la croix Hémond ; & ainsi des autres lieux, à proportion. Je ne rapporterai, pour abréger, que ce que l'auteur du Journal raconte de l'inondation de 1427.

Mém. pour servir à l'hist. de Fr. & de Bourgogne, in-4.° p. 110.

« Le jeudi ensuivant (c'étoit le 12 juin, le jeudi d'après la Pentecôte), crut tant l'eau, que l'isle Notre-Dame fut couverte; & devant l'isle, aux Ormetiaux étoit tant crue, qu'on y eût mené batteaux ou nacelles; & toutes les maisons d'entour, qui basses étoient, comme le célier & le premier étage, étoient pleines: telles y avoit dont le célier étoit plein du haut de deux hommes, & là étoit pitié; car les vins y étoient par-dessus l'eau : & en aucuns lieux, en étables qui étoient basses de trois ou quatre degrés, l'eau crut tant là entour, que les chevaux qui fort liez là étoient, ne porent tous être recoux, qu'ils ne fussent noyez; les aucuns par la grandeur de l'eau, qui sourdist en mains de deux heures de plus du

» haut d'un homme, là endroit & ailleurs; car elle crut tant le
» vendredi & samedi ensuivant, qu'elle s'espandit dans l'Hostel-
» de-ville; & fut plus haut d'un pied largement en l'hostel du
» Maréchal qui demoure à l'opposite devant du côté de la Van-
» nerie, & jusqu'au sixième degré de la croix *(h)*: & bref elle
» fut plus grande de deux pieds de haut, qu'elle n'avoit été en
» l'an de devant, & par tous les lieux où elle fut, comme en
» bleds, en avoines ès marès, elle dégasta tout, & sécha telle-
» ment, que cette année ne firent oncques bien; car elle y fut
» bien cinq ou six semaines ».

Ce que l'auteur du Journal entend ici par les Ormetiaux qui étoient devant l'île Notre-Dame ou de Saint-Louis, est le quai des Ormes, bien différent aujourd'hui de ce qu'il étoit autrefois, ainsi que l'île Saint-Louis; elle étoit séparée en deux, dont la plus petite, située vers l'île Louviers, s'appeloit l'île aux Vaches : le canal qui en faisoit la séparation, & qui étoit où est à présent l'église de S.ᵗ Louis, demeuroit à sec l'été. Le sol de ces îles a été considérablement élevé, depuis qu'on les a jointes ensemble pour y bâtir : & le terrein qui conduit de la rue des Nonains d'Hyères au pont-Marie, a aussi par conséquent changé de face; car le bout de cette rue qui aboutissoit au milieu des Ormetiaux, ou de ce quai planté d'ormes, n'étoit pas plus élevé en 1427, que les parties basses de la rue de la Mortellerie, qui traverse de ce côté-là la rue des Nonains d'Hyères. Le sol même de la rue de la Mortel-lerie derrière l'hôtel de Sens, a été exhaussé de près de six pieds, depuis le règne de Charles V; comme on le voit par une porte de cet hôtel, qui donne sur cette rue, dont le haut du cintre n'est qu'à trois pieds au dessus du pavé : de sorte que le terrein du quai des Ormes, depuis la rue de l'Étoile jusqu'au bas de la place aux Veaux, étoit aussi bas, & peut-être même plus bas, que ces deux extrémités. Ainsi

---

(h) Il y avoit douze degrés pour monter jusqu'au fust de cette Croix, qui étoit située à peu près dans l'endroit où elle est aujourd'hui. Ainsi on peut compter qu'il y avoit environ quatre pieds d'eau à l'entrée de la Grève, vers la Croix.

il est aisé de comprendre comment toutes les maisons bâties sur ce quai, vis-à-vis l'île S.t Louis, ont pû être remplies d'eau en 1427 : il leur est arrivé alors, ce qu'ont éprouvé en 1740, les maisons construites le long du port Saint-Paul.

C'est encore faute d'avoir fait attention à la différence du sol de Paris, que l'on a crû que le débordement de 1497, avoit été plus grand qu'il n'a été en effet. Plusieurs curieux sont allés lire l'inscription qui est gravée en lettres gothiques, à une pierre du pilier d'une maison qui fait le coin de la rue de la Saulnerie, à l'entrée du quai de la Mégisserie ; on y lit :

> L'an mil IIII^c IIII^{xx} seize,
> Le VII jour de janvier,
> Seine fut ici à son aise,
> Battant au siège du pillier.

On s'est imaginé que l'eau avoit monté alors jusqu'à la pierre où est cette inscription, c'est-à-dire, à plus de 4 pieds au dessus du pavé de la partie du quai où est bâtie cette maison. Cependant il paroît par les registres du Parlement, que cette inondation n'a pas été aussi considérable que celle de 1740 ; car voici ce que disent ces registres. » Du jeudi 12 janvier la Cour a vaqué, pource que l'on faisoit en cette « ville de Paris processions générales pour l'indisposition du « temps, & des inondations d'eau qui avoient eu, & avoient « cours de présent en cette ville & ailleurs ; car à la Grève elle « alloit jusqu'au Saint-Esprit ; & à la place Maubert, elle appro- « choit près de la Croix des Carmes ; & au pont Saint-Michel, « elle entroit dans la rue Saint-André-des-Arcs. »

On voit par les bornes de cette inondation, qu'il s'en falloit beaucoup que les eaux fussent montées alors de près de 4 pieds plus haut qu'elles n'ont monté en 1740. Au reste le terrain de la Vallée de Misère, ou de ce bout du quai de la Mégisserie, a fort changé depuis l'année 1497, à l'occasion de la chute des ponts Marchand, aux Meuniers & au Change.

Le pont-aux-Meuniers, ou aux Colombes, étoit d'abord

entre le pont-Neuf, & l'endroit où est maintenant le pont-au-Change: l'entrée de ce dernier étoit en 1497 vis-à-vis la rue de la Jouaillerie, & faisoit un coude pour venir aboutir à la rue Saint-Barthelemi. On y entroit aussi du côté de la porte du grand Châtelet, par une petite rue qu'on nommoit la tournée du pont-au-Change, & qu'on trouvoit à main gauche, à environ 20 toises de cette porte: la rue de Gêvres n'étoit pas alors ouverte. Après que le pont-aux-Meuniers eut été renversé en 1596, il changea de place, & fut, sous le nom de pont-Marchand, reconstruit plus près du pont-au-Change, & dans l'alignement de la porte du grand Châtelet à la tour de l'Horloge; ce qui montre, quand on n'en auroit point de preuves d'ailleurs, que le pont-au-Change, ou le grand pont de Paris, n'étoit pas bâti, au moins depuis l'an 1296, dans le même endroit où nous le voyons aujourd'hui: mais il étoit si près du nouveau pont-Marchand, du côté de la tour de l'Horloge, que quand le feu prit à celui-ci, il se communiqua bien-tôt au pont-au-Change, qui fut consumé dans le même temps par les flammes en 1621; & ce n'est que depuis cet incendie, qu'il est où nous le voyons à présent.

Lorsque Louis XIII accorda en 1639 la permission de le rebâtir, aux propriétaires des maisons de l'ancien pont; il se chargea du dédommagement que les propriétaires des maisons du voisinage pourroient prétendre à cause des quais qu'il falloit rehausser considérablement: & Sauval a raison de dire que l'inscription de l'année 1497, qui n'est maintenant qu'à la hauteur de 5 pieds, étoit à deux ou trois toises au dessus du pavé, dans le temps qu'on l'a gravée: car le sol des environs n'étoit pas plus élevé alors; comme on le peut voir par l'ancienne porte de Paris, ou du grand Châtelet, & encore mieux par ce qui reste du bâtiment de la chapelle Saint-Leufroy, renfermé dans les prisons de ce lieu.

Après tout, cette inscription dit seulement que l'eau étoit venue battre au siège du pilier; ce qui ne signifie pas qu'elle eût monté jusqu'à la pierre où l'inscription est gravée: & quand même l'inscription le diroit, il faudroit être certain que les ouvriers qui ont réparé cette maison, ont eu l'attention de remettre la pierre au même lieu où elle étoit en 1497. Du temps de Sauval, il y avoit au dessus de l'inscription une image de la Vierge qui n'y est plus aujourd'hui : on en a fait une autre en bas relief, sur la face de la maison qui regarde la rivière, avec la date de l'année 1679, qui est apparemment celle où l'on a travaillé à cette maison.

Je ne m'arrêterai point à rapporter les inondations qui sont arrivées depuis l'année 1497. Celles dont les historiens nous ont conservé quelque détail, & qui ont été regardées comme les plus considérables, n'ont point passé les bornes où l'on a vû les eaux aller dans tous les débordemens extraordinaires, à la Grève, à la place Maubert, & dans la cour du Palais : je viens tout d'un coup, pour finir, à celle de 1658, qui mérite quelque attention.

Sauval dit qu'elle noya les environs de Paris, & couvrit plus de la moitié de ce que nous appelons la Ville : ce qui étoit aussi arrivé dans les inondations de 1649 & 1651. Sauval ajoûte de plus, par rapport à celle de 1658, qu'il regarde comme la plus grande de toutes, qu'on l'avoit assuré que les eaux qui couroient dans la rue Saint-Denys, se joignirent vers le milieu de la rue aux Ouës, à celles qui passoient dans la rue Saint-Martin. Quelque prodigieuse que nous paroisse cette inondation, elle est trop bien constatée pour que nous puissions la révoquer en doute : il y a encore aujourd'hui une inscription dans le couvent des Célestins, qui nous met en état de la comparer avec celle de 1740. Cette inscription est gravée sur une plaque de marbre attachée à la muraille d'un des quatre côtés du cloître de ces Religieux : elle est conçue en ces termes.

Anno 1658, mense februario,
Exundantis Sequanæ fluctus hic

Aliquandiù stagnantes, mediam hujus
Quadri lineam attigere.

Cette *ligne* dont il est parlé dans l'inscription, traverse horizontalement le milieu de la plaque de marbre. Elle est à 5 pieds au dessus du pavé du cloître; & ce cloître est environ deux pieds au dessous du pavé qui est devant la porte de l'Arsenal : de sorte qu'il devoit y avoir 3 pieds d'eau sur ce pavé; en supposant qu'il fût aussi élevé qu'il est aujourd'hui. De là il est aisé de concevoir que la plus grande partie de la ville a dû être couverte par l'inondation : & l'on voit que c'est sans aucune raison, qu'on a répandu dans le public que la hauteur des eaux n'avoit été que de 20 pieds 9 pouces en 1658; tandis qu'il est constant que celle de l'année 1740, a été de 24 pieds 4 pouces : & cependant il n'y avoit pas plus d'un pied d'eau devant la porte de l'Arsenal.

Quelques personnes ont crû que cette hauteur si extraordinaire de l'eau dans le cloître des Célestins, n'étoit que l'effet de la chute des deux arches du pont-Marie, qui avoit fait refluer la rivière. Mais, sans examiner ici la possibilité de l'effet de cette chute, il suffit, pour détruire cette opinion, de remarquer que la plus grande crûe des eaux pendant cette inondation, est arrivée au mois de février, comme le dit l'inscription; & que le pont-Marie n'est tombé que la nuit du premier mars; c'est-à-dire, dans un temps où les eaux avoient commencé à diminuer.

Sauval dit simplement, comme je l'ai déjà rapporté, que cette inondation couvrit plus de la moitié de ce que nous appelons la *Ville:* mais il n'entre dans aucun détail, & ne nous apprend pas si les eaux qui remplissoient les rues Saint-Denys & Saint-Martin, y étoient venues du côté du grand Châtelet, ou de quelque autre endroit. Il parle d'une relation qu'un de ses amis en avoit faite; mais je ne l'ai point trouvée. A son défaut, je donnerai celle que j'ai lûe dans le Mémorial du Père de Thouloufe, chanoine régulier de l'abbaye de Saint Victor, qui avoit soin de mettre en écrit jour par jour, ce qui arrivoit de plus remarquable de son temps. Ce Mémorial est manuscrit à la bibliothèque de Saint Victor, & finit à l'an 1659. Voici ce qu'on y lit de l'inondation de l'année précédente.

L'hyver

» L'hyver ayant commencé le 20 décembre 1657, & continué jusqu'à la mi-février 1658, en neiges, pluies & « gelées; le 18 dudit mois de février les glaces se fondirent, « & apportèrent de grands désordres par toute la France..... La « rivière de Seine par ce dégel commença à déborder dès ledit « jour 18, lendemain de la Septuagésime. Le vendredi après « dîné, nos Religieux avant vêpres se promenoient à pied sec « le long de nos prez, sans appercevance d'eau. Durant vêpres la « rivière de Seine dégorgea par le canal de la rivière de Bièvre « dans nos prez. »

« Les eaux se trouvèrent le samedi 23 à sept heures du matin, au haut des degrez *(i)* où l'on dévale au pré sous la « bibliothèque. Il fallut employer la matinée à vuider la chapelle « Notre-Dame, & tous les bas lieux, où l'eau vint après midi. « Le Célérier s'en allant à la halle ce samedi, marchoit dans « les eaux à la barrière des Sergents *(k)* de la place Maubert, « & eut peine à gagner la rue des Noyers : mais au retour, il « lui fallut revenir en bateau. Enfin le débordement crut jus- « qu'au mercredi cinq heures au soir, 27 février : & les eaux « furent aux moindres endroits 5 pouces plus haut qu'elles « n'avoient paru ès années 1649 & 51. L'eau entra dans « l'église du Saint Esprit en la Grève *(l)* : elle vint en la « grande rue, jusque près l'église du petit Saint Antoine. Les « PP. Célestins en eurent 7 pieds de hauteur en leur cloître *(m)*, «

(i) La partie basse du jardin de Saint-Victor n'a été rélevée en l'état où elle est, que depuis quelques années : elle étoit auparavant aussi basse que le marais qui est à côté ; & étoit traversée en 1658 par un bras de la rivière des Gobelins, qui alloit se décharger dans la Seine, auprès de la porte Saint-Bernard. C'étoit par cet endroit, que les eaux avoient reflué dans le jardin de Saint-Victor. Ce nouveau canal de la porte Saint-Bernard avoit été creusé sous le règne de Charles V ; après que l'on eut été obligé de supprimer celui qui passoit le long des rues Saint-Victor & de Bièvre, & qui se jetoit dans la Seine, au bas de la place Maubert. *Voyez les Mém. de l'Académie, t. XIV, p. 275 de l'histoire.*

(k) Cette barrière étoit alors au bas de la rue de la montagne Sainte-Geneviève, où étoit aussi la fontaine de la place Maubert.

(l) Un de mes amis m'a assuré qu'il avoit connu un vieillard qui avoit été en bateau dans la rue de la Tissèranderie, depuis la rue du Mouton jusqu'à la rue du Coq.

(m) Le cloître des Célestins a été rélevé depuis 1658 : car le marbre

& jusque sur le dernier marchepied de leur maître autel. »

 « Vers le puits du cloître Notre-Dame, l'eau venoit d'en
» bas, & par la cour de l'archevêché. Elle vint à la rue Saint-
» Denys *(n)*, du dégorgement des fossés, jusqu'en deçà des
» Filles-pénitentes, venant au coin de la rue des Prescheurs.
» Un harnois attelé de trois chevaux passant vers le quartier
» Saint-Jacques de l'Hôpital, se trouva absorbé des eaux, la
» voûte d'une cave s'étant fondue. M. l'évêque de Soissons
» étant derrière dans son carosse, évita ce péril, son cocher
 prenant un autre chemin. »

 « En notre abbaye de Saint Victor, les eaux vinrent
» jusqu'au huitième degré d'en bas de la chapelle de Notre-
» Dame, dans laquelle l'eau entroit par les fenêtres : & y en
 avoit plus de six pieds. »

 « Le mercredi 27, à cinq heures au soir, je fus planter
» un piquet dans le jardin jusqu'où étoit l'eau ; & la vis
» demeurer en son élévation jusqu'au jeudi 28, après midi,
» qu'elle commença à s'écouler : & néantmoins la nuit sui-
» vante premier mars, entre une & deux, la roideur des eaux
» encore bien enflées, emporta deux arches de pierre du pont-
 Marie, &c. »

 Je supprime le reste du détail de cette inondation. Ce que
j'en ai rapporté suffit pour convaincre que la hauteur des eaux,

où est l'inscription, n'est qu'à 5 pieds au dessus du sol actuel du cloître.

(n) Ce que dit le P. de Thoulouse des eaux qui s'étendoient jusqu'à la rue des Prescheurs, dans la rue Saint-Denys, fait voir qu'elles n'y étoient pas venues du côté du grand Châtelet, mais par les fossés de l'Arsenal, d'où l'inondation s'étoit répandue le long des remparts, dans les marais qui sont au delà des portes Saint-Martin & Saint-Denys. L'inondation y avoit aussi remonté du côté des Tuileries : & toutes ces eaux jointes ensemble, avoient reflué dans la ville ; soit par les embranchemens du grand égoût, soit même sur le sol du pavé des rues Saint Martin & Saint-Denys, qui n'étoit pas encore aussi élevé qu'il l'est à présent. Pour ce qui est de la rue Saint-Denys, il n'en faut point d'autre preuve que l'église des Filles-pénitentes de Saint-Magloire, plus basse de 2 pieds que le pavé de la rue. Il n'est rien arrivé de pareil en 1740 ; quoique les eaux aient aussi reflué dans les marais, le long du grand égoût, depuis la Savonnerie jusqu'à la tête de cet égoût, où elles n'étoient séparées que de 6 toises de celles qui venoient du côté de la Bastille, par un terrein plus élevé, qui les a empêché de se rejoindre.

marquée par l'inscription du cloître des Célestins, n'a pas été occasionnée par la chute d'une partie du pont-Marie, qui n'a été renversé que lorsque la rivière commençoit à baisser. On vient de voir que dès le 23 février après midi, l'eau étoit déjà parvenue dans la place Maubert, jusqu'à la barrière qui étoit au bas de la rue de la montagne Sainte-Geneviève; c'est-à-dire, au même point où elle s'est étendue en 1740, dans le temps de la plus grande inondation : & elle crût encore les jours suivans, jusqu'au 27 février au soir.

Ce que dit le P. de Thoulouse de l'inondation dans l'abbaye de Saint Victor, appuie aussi le témoignage de l'inscription : car selon ce Père, en 1658 l'eau vint jusqu'à la huitième marche du degré par lequel on descend à la chapelle basse, où elle entra par les fenêtres, & où il y en eut plus de 6 pieds de haut ; au lieu qu'en 1740 l'eau n'est venue que jusqu'à la quatrième marche, & n'a été qu'à la hauteur de 4 pieds dans la même chapelle, sans être entrée par les fenêtres qui sont plus élevées.

Ainsi, il doit passer pour certain que l'inondation de 1658, avant la chute du pont-Marie, a été de 2 pieds plus haute que celle de 1740. Si toutes les autres inondations étoient aussi bien constatées, nous serions plus en état d'en pouvoir faire la comparaison ; & de décider si celle de 1658 a été la plus grande qui soit arrivée à Paris.

On a crû devoir joindre à ce Mémoire la crûe & la diminution de la Seine, observées à l'échelle graduée du pont de la Tournelle, dont il a été fait mention ; afin de mettre sous les yeux l'état de la hauteur des eaux depuis le premier décembre 1740, jusqu'au 18 février 1741. Il est nécessaire de remarquer que le premier point de division de cette échelle a été tracé à la hauteur des eaux de la Seine en 1719, qu'on regarda alors comme le point le plus bas où elle pût descendre : cependant en 1731, les eaux se sont trouvées plus basses de 5 pouces, au dessous de cette échelle. On a encore établi depuis une autre échelle graduée au pont-Royal ; mais elle n'a été faite que sur l'estime des Mariniers.

Vuuu ij

MEMOIRES
CRUE ET DIMINUTION DE LA RIVIÈRE DE SEINE A PARIS en 1740 & 1741.

Observées à l'échelle graduée du pont de la Tournelle.

SAVOIR,

En Décembre 1740.			En Janvier 1741.			En Février 1741.		
	pieds.	pouces.	lignes.		pieds.	pouces.	lignes.	
Le 1.er à	8.	4.	0.	Le 1.er à	20.	8.	6.	
2.	8.	3.	0.	2.	18.	4.	0.	
3.	8.	0.	0.	3.	17.	0.	0.	
4.	8.	2.	0.	4.	16.	6.	0.	
5.	9.	6.	0.	5.	16.	11.	0.	
6.	11.	10.	0.	6.	17.	7.	0.	
7.	13.	8.	0.	7.	17.	11.	0.	
8.	14.	6.	0.	8.	18.	0.	0.	
9.	16.	2.	0.	9.	18.	2.	0.	9. ⎫
10.	15.	10.	0.	10.	18.	3.	0.	10. ⎬ 11. pieds &
11.	13.	3.	0.	11.	18.	4.	0.	11. ⎬ quelques pouces.
12.	15.	0.	0.	12.	17.	11.	0.	12. ⎭
13.	17.	0.	0.	13.	17.	2.	0.	13.
14.	18.	8.	0.	14.	16.	6.	0.	
15.	18.	6.	0.	15.	15.	11.	0.	
16.	18.	4.	0.	16.	15.	7.	0.	
17.	18.	2.	0.	17.	15.	9.	6.	
18.	18.	1.	0.	18.	15.	9.	6.	18. ⎧ 8. pieds 2. pouces. La rivière a toûjours diminué depuis ce jour-là.
19.	18.	1.	6.	19.	15.	2.	0.	
20.	17.	10.	0.	20.	14.	10.	0.	
21.	18.	3.	0.	21.	14.	7.	0.	
22.	19.	1.	0.	22.	13.	0.	0.	
23.	21.	0.	0.	23.	11.	4.	0.	
24.	22.	8.	0.	24.	10.	5.	0.	
25.	24.	0.	0.	25.	9.	11.	0.	
26.	24.	4.	0.	26.	9.	0.	0.	
27.	23.	10.	0.	27.	8.	7.	0.	
28.	23.	7.	0.	28.	8.	6.	0.	
29.	23.	9.	0.	29.	8.	6.	0.	
30.	23.	3.	0.	30.	9.	2.	0.	
31.	22.	2.	0.	31.	10.	2.	0.	

www.ingramcontent.com/pod-product-compliance
Lightning Source LLC
Chambersburg PA
CBHW060721050426
42451CB00010B/1564